Du 14 Meffidore an 3

LES PERES & MERES des Émigrés du Département de la Meurthe

Aux Repréfentans du Peuple François, affemblés en Convention Nationale.

PÉTITION contre le décret du 9 Floreal an 3.

CITOYENS REPRÉSENTANS,

SI le terrorifme devoit encore régner fur la France, le décret du neuf Floreal, que nous regardons comme une de fes œuvres pofthumes, feroit le fignal d'une nouvelle invafion ; l'adoption définitive de cette loi deviendroit, pour des milliers de familles, & peut-être pour la république entière, ce que fut pour Rome la fatale journée d'Allia ; & tandis que les hommes armés pour la liberté prendroient la défenfe du Capitole, enveloppés de nos manteaux nous attendrions, en Vieillards romains, le fer meurtrier de Brennus. C'eft l'attitude que nous avons tenue, & qui nous convenoit fous le couteau des feptembrifeurs.

A

La journée du 9 Thermidore nous a rendu le droit de nous plaindre ; & si elle n'a pas anéanti toutes les injustices, s'il reste à la Patrie des ennemis à vaincre, (comme le décret contre lequel nous réclamons, pourroit le faire craindre), le droit de pétition, rétabli dans son intégrité, va sans doute les signaler.

Déjà une réclamation sortie du District d'Angoulême a obtenu la révision de cette loi funeste. Déjà la Convention avoit accordé quelques articles réparateurs ; mais l'importance du sujet exige un examen plus approfondi : & quand nos Représentans nous annoncent qu'ils s'en occupent, ils provoquent des observations qui peuvent encore éclairer leur détermination.

Ils doivent en attendre de notre Département qui, dans la révolution, fut un des premiers à souffrir & le dernier à se plaindre. Voisin de l'étranger avec lequel il a, sur plusieurs points de ses limites, des propriétés indivises, & un idiome commun ; étranger lui-même à la France jusqu'en 1737 ; uni définitivement à elle seulement depuis trente ans ; maintenu, pour son commerce, par des loix particulières dans la liberté la plus indéfinie ; invité par le gouvernement à fraterniser d'une manière plus spéciale avec les nations voisines ; ayant encore, conformément au traité de Vienne, auprès de la même Dynastie qui régna sur nos pères, des parens, des amis de quelques uns de nous & plusieurs de leurs enfans envoyés là durant la paix : tant de circonstances nous portoient vers l'étranger, tant de causes de terreur nous y poussoient avant la guerre, avant les décrets qui ont fermé cette porte : la Constitution de 1791 étoit, sur ce point, si précise & si absolue que s'il falloit recourir à des excuses, aucun Département n'en présenteroit de plus admissibles.

Mais, on l'a déjà dit, c'est ici la cause des pères : & dans le moment où par une Conſtitution nouvelle , on médite de leur faire partager d'une manière prépondérante le pouvoir légiſlatif , ils ne doivent parler , même dans les réclamations qui les inté- reſſent , que le langage des principes & de l'expérience.

C'eſt ſous ce point de vue que nous nous engageons à diſ- cuter le décret du 9 Floréal : chacun de nous ſe réſerve de préſenter dans des pétitions particulières les moyens qui lui ſont propres , les conſidérations qui lui ſont perſonnelles ; nous n'enviſagerons ici ce décret que ſous les rapports qui ſont com- muns à tous.

Que pour le 10 Thermidore * nous n'ayons pas fourni des dé- clarations exactement deſcriptives & eſtimatives de tous nos biens , meubles & immeubles , avec des détails & des évalua- tions dont le plus grand nombre d'entre nous s'avoue incapable , le décret charge de ce travail des experts qui le feront à nos frais. Il nous fait dès lors deſcendre , encore vivants , dans le tombeau ; & pour en aggraver l'horreur , au lieu de le fermer ſur nous , il partage , ſous nos yeux , nos ſucceſſions ; il prend pour le fiſc nos biens ; il ne laiſſe que les dettes à ceux d'entre nous dont les créanciers ſe ſont contentés de ſimples billets , ou que les taxes révolutionnaires , les exactions de toute eſpece , le ſéqueſtre de nos revenus ont forcés à des emprunts.

De quelque forme qu'on ait revêtu cette entrepriſe ſur nos propriétés , quelque ſoin qu'on ſe ſoit donné pour écarter le reproche d'une confiſcation , nous n'en ſommes pas moins fon- dés à ſoutenir que ce partage de nos ſucceſſions avant notre mort n'eſt qu'une confiſcation déguiſée , ſuggérée par les mêmes

---

* On n'a connu qu'après la rédaction arrêtée de cette pétition la ſéance du 11 Meſſidor.

hommes & dans le même efprit que les décrets de fang dont la Convention veut aujourd'hui effacer jufqu'au fouvenir.

Pour l'examiner, nous nous détachons de tout intérêt perfonnel; nous nous élevons, par la penfée, au rang de nos légiflateurs: & placés à la tribune, nous rappellons la difcuffion fur un décret, qui fans être encore révoqué, fe trouve remis en délibération. Après y avoir réfléchi avec la maturité que la légiflation exige, nous allons en parler avec la liberté & la franchife que la République admet dans fes délibérations.

En confidérant le décret du 9 Floreal dans fon but, dans le détail de fes difpofitions, dans fa rédaction, il nous femble d'abord qu'il viole la nature & qu'il en étouffe la voix.

Malheur à la nation chez laquelle la loi naturelle feroit méconnue au point de faire fuccéder des enfans à leur père encore vivant. Si l'on introduit dans certain cas la mort civile, c'eft un des plus grands efforts de la puiffance légiflative, fon application eft abfolument circonfcrite, c'eft une éclipfe à midi. Les enfans fuccédent à leur père, comme le jour fuccéde à la nuit. Point de fucceffion fans prédécès. Jufqu'au dernier moment de mon exiftence tout mon bien eft à moi; & la loi refpecte tellement ce principe que fi une longue abfence laiffe douter fi je fuis mort ou vivant, ma fucceffion ne fera ouverte à fes yeux qu'à la centieme année du jour de ma naiffance, parce que, dans la marche de la nature, je puis vivre cent ans.

C'eft qu'il falloit étouffer dans le cœur des enfans jufqu'au germe de cette cupidité qui prefferoit, par des vœux parricides, la mort des auteurs de leurs jours. C'eft ce qui a jetté de la défaveur fur les conventions, qui rendent défirable la fin prochaine d'un des contractans ; c'eſt ce qui a donné lieu à cette expreſſion énergique d'une loi romaine qui appelle ce mouvement de l'avarice *ſollicitudinem corvinam*, comparant les hommes avides de ſucceſſion, aux corbeaux que leur humeur carnaſſière porte vers les cadavres.

Cependant ce genre de cupidité ne partage que des yeux la ſucceſſion de l'homme vivant. Si les deſpotes orientaux s'en rendent les héritiers, ce n'eſt jamais qu'après ſa mort. Pour capter des ſucceſſions les tyrans les plus avides ont penſé devoir faire mourir ceux dont ils vouloient hériter. Si à l'exemple d'Auguſte, qui ſavoit auſſi revêtir des formes républicaines le plus abſolu deſpotiſme, quelques Empereurs romains ont cherché dans des ſucceſſions un aliment de plus à leur faſte deſtructeur, c'étoit ſur des teſtamens dictés par la crainte, c'étoit après la mort des teſtateurs, qu'ils recueilloient ce fruit pervers de leur puiſſance. Et quand Domitien montroit une joie ſtupide ſur un teſtament qui l'appelloit à partager avec une veuve & un enfant la riche ſucceſſion d'un Sénateur, il ne ſavoit pas, dit Tacite, qu'un bon père ne peut gueres inſtituer pour ſon héritier qu'un méchant Prince.

Lors donc que la République ſe met à la place des Émigrés pour partager nos ſucceſſions de notre vivant, non ſeulement elle tranſgreſſe les lois de la nature, non ſeulement elle s'expoſe à pervertir le reſpect filial, en donnant ſous les yeux de nos enfans un effet anticipé aux vœux & aux eſpérances d'un héritier ; mais elle renverſe, dans le ſeul intérêt du fiſc, des limites naturelles reſpectées juſqu'à préſent par le deſpotiſme & la tyrannie.

Et comme ces bornes étant une fois franchies, on ne voit plus où l'on s'arrêtera, on prend même au nom de la nation les succeſſions de ceux de nos enfans qui ſont morts avant nous : car ne pouvant, comme les auteurs d'un pareil décret, étouffer les cris de la nature, pluſieurs d'entre nous, éclairés par de ſombres lueurs & par de funeſtes preſſentimens ſur le ſort de leurs enfans, les placent déjà au rang des morts : & la playe que cette incertitude entretient dans le cœur d'un père, les décrets viennent l'élargir & l'envénimer, en déclarant qu'ils tiennent pour vivans, tous les Émigrés dont ils pourſuivent les pères & mères. On crée ainſi des droits ſucceſſifs à des hommes morts, pour les exercer par anticipation, ſur les biens des hommes vivans.

Ce renverſement des lois de la nature ne ſe borne pas là. Non ſeulement mon fils me ſuccéde, quoiqu'il m'ait prédécédé, mais on dépouille, avant leur naiſſance, les freres & ſœurs que je puis encore lui donner. *Les portions des Emigrés*, dit le décret du 9 Floreal, *ſeront réunies au domaine national, ſans eſpoir de retranchement pour les enfans qui pourroient naître par la ſuite à l'aſcendant préſuccédé.*

Quelle étrange invention ſur-tout dans une légiſlation républicaine ! Quelle diſpoſition de loi qui, au lieu de répéter, de rajeunir cette exhortation céleſte, *croiſſez & multipliez-vous*, dit à cinquante mille familles : les enfans qui naîtroient encore dans votre ſein ſeroient punis, avant de naître, des fautes que nous imputons à leurs aînés.

La nature pouvoit-elle recevoir un plus grand outrage ? Oui : & nous le trouvons dans la derniere diſpoſition du même décret. Il porte que non ſeulement les peines prononcées contre l'émigra-

tion feront appliquées à ceux qui pourroient émigrer dans la fuite ;
mais *qu'on appliquera également à leurs afcendans les difpofitions
de ce dernier décret*. Ainfi l'émigration que je n'ai pu empêcher
de deux de mes enfans, me force non feulement à fouffrir de mon
vivant, le partage de ma fucceffion ; elle la liquide, elle la montre
à découvert aux enfans qui me reftent ; elle me rend avec eux
copartageant, cohéritier de mon propre bien. Que les défordres
inféparables d'une grande révolution alterent dans l'ame d'un feul
d'entr'eux les fentimens que j'ai cherché à leur infpirer. Qu'une
faute grave me donne à exercer ce que la loi me laiffe d'autorité
fur lui. Que cet enfant me trouve encore trop févère, quoique
tout père frappe à côté. Que le libertinage, ou d'autres caufes de
féduction l'enlève à la maifon paternelle, fans que je puiffe retrou-
ver la trace de fes pas. Voilà encore ma fucceffion ouverte de
mon vivant, & partagée une feconde fois avec le fifc. A mefure
que mes enfans grandiront, le même défordre peut fe reproduire.
C'eft ainfi que dans nos familles, à mefure qu'elles fe trouveroient
plus nombreufes, l'autorité paternelle deviendroit plus foible, &
l'indifcipline des enfans plus enhardie.

Cependant les lois de la nature font le premier fondement du
pacte focial. Les Repréfentans que la nation s'eft donnés depuis
1788 ont gravé cette vérité fur l'airain en faifant de la déclaration
des droits de l'homme & du citoyen, la bafe des trois Conftitutions
qu'ils ont fucceffivement préfentées à la France.

*Le Gouvernement eft inftitué pour garantir à l'homme la jouif-
fance de fes droits naturels & imprefcriptibles... La propriété qui eft
au nombre de ces droits eft la faculté de difpofer à fon gré de fes
revenus... ; nul ne peut être privé de la moindre portion de cette*

propriété sans son consentement . . ; les fautes sont personnelles . ; nul ne doit être accusé que dans les cas & dans les formes de la loi . . . ; celle qui puniroit des délits commis avant qu'elle existât seroit une tyrannie . . . . ; l'effet rétroactif donné à la loi seroit un crime . . . ; le Pouvoir législatif ne pourra faire aucune loi qui mette obstacle à l'exercice des droits naturels & civils consignés dans la déclaration des droits de l'homme & du citoyen. Voilà des vérités aussi anciennes que la réunion des hommes en société, & sans lesquelles ils ne resteroient pas réunis.

Quelques unes d'elles ont été méconnues dans certains tems, chez certains peuples ; nos Assemblées nationales se sont chargées de les venger. Et pour ne point sortir de notre cause ; la confiscation des biens des coupables retomberoit sur leurs familles, la confiscation a été solennellement abolie. La distinction des biens dans chaque famille sembloit gêner la liberté de son chef, & entraver une portion de ses propriétés, cette distinction n'existe plus. Que fait cependant aujourd'hui le décret du 9 Floréal ? il sépare les biens paternels & maternels pour éviter de donner deux parts au père & à la mère dans le même partage. Il confisque la plus belle portion de nos propriétés ; il la confisque pour des fautes qu'il impute à nos enfans ; il la confisque quoiqu'il n'existe aucune loi qui nous ait défendu de laisser aller ceux que nous pouvons retenir, quoiqu'il n'en puisse exister qui nous oblige de retenir ceux que la loi a soustraits à notre autorité. C'est dans le berceau de la République qu'on étouffe ainsi le germe des principes les plus féconds : & pour prouver que nos enfans ont eu tort de nous abandonner, & de refuser leur confiance au contrat social par lequel on vouloit plus étroitement nous unir, on le viole, on le rompt à notre égard dans ses dispositions les plus voisines de la nature. Aussi

Aussi n'est-ce pas le vœu de la nation, tel qu'il a été manifesté par l'Assemblée constituante, par la Législature, par la Convention avant qu'on eût pensé à nous gouverner par la terreur.

C'est pour nous, ce n'est pas pour les Émigrés que nous parlons. Quand & comment les pères & mères peuvent-ils demander pour leurs enfans justice & clémence ? Hélas ce sont des questions que nous n'osons pas même aborder ! Nous ne rappellerons ici la série des lois sur l'émigration que pour étudier l'esprit de notre législation sur ce point dans ce qui nous regarde personnellement.

La premiere loi sur les Émigrés, celle du 6 août 1791, en leur enjoignant de rentrer dans un mois, ne portoit que la peine d'une triple imposition. Des invasions hostiles ont fait prononcer contr'eux des peines plus rigoureuses. Le décret du 9 février 1792 a mis leurs biens sous la main de la nation : celui du 8 avril a déclaré y comprendre leurs droits successifs échus & à écheoir : leurs biens ainsi séquestrés ont été confisqués le 2 septembre : leurs personnes ont été bannies le 23 octobre, avec défense de jamais rentrer sous peine de mort. Nous respectons, en gémissant, les motifs qui ont amené des dispositions aussi sévères.

Celles qui peuvent nous concerner dérivent de l'article XXIV du décret du 8 avril, 1792, qui affecte au profit de la nation les droits successifs à écheoir aux Emigrés; mais cette loi ne signaloit que les enfans de famille en état de porter les armes; & plusieurs d'entre nous sont aujourd'hui poursuivis pour l'émigration de leurs filles, de celles mêmes qui sous l'auctorité de leurs maris se sont retirées avec eux.

Le 15 août 1792, dans un moment de crise, il fut dit que les pères & mères d'Emigrés demeureroient consignés & surveillés dans leurs Municipalités respectives. . . . Inquisiteurs de Lisbonne ou de Goa venez apprendre, daus un pays couvert prr tout des symboles de la liberté, comment on forge les fers, comment on rive les chaines.

Un décret du trente du même mois nous avoit montré, pour la premiere fois, le genre de délit dont il nous falloit éviter le reproche, & la peine qu'il nous feroit encourir : *Tout fonctionnaire public*, est-il dit, *qui sera convaincu d'avoir conduit en pays étranger ses enfans mineurs, ou favorisé leur émigration, d'une maniere quelconque, ou d'avoir entretenu une correspondance coupable avec des Emigrés, sera destitué.*

On a exigé de nous par le décret du 12 du même mois que nous prouvassions dans trois semaines, ou l'existence en France de nos enfans disparus, ou leur mort, ou leur emploi chez l'étranger pour la nation, sous peine de payer la solde de deux hommes pour chaque enfant émigré. La brieveté du délai tenoit un peu de la fiscalité de Cambon; les administrations, plus ou moins fiscales, l'ont plus ou moins allongé. Mais jusques-là on n'avoit imputé à délit aux pères & mères que l'émigration de leurs enfans mineurs, quand ils l'avoient favorisée, ou de leurs fils en état de porter les armes. Dans quelques Départemens la fourniture de la solde & de l'habillement de deux hommes étoit injustement exigée des pères & mères pour tous les émigrés. Un article de la loi du 28 mars 1793 a excepté les émigrés mariés ou domiciliés séparément, depuis le 1 Juillet 1789.

On étoit encore loin de vouloir partager avec nous nos succesfions. La même loi porte quel es droits de la nation fur les fucceffions à écheoir dureront pendant cinquante ans, fans que les *héritiers*, puiffent oppofer la mort naturelle des Emigrés. On nous donnoit donc encore un demi fiécle à vivre avant de nous inquiéter per- fonnellement: & ceux de nous qui pouvoient pouffer leur carrière encore plus loin, ceffoient de compter, à la cinquantieme année la nation au nombre de fes héritiers.

Il eft vrai que par l'article fuivant on infirme, pour cette por- tion dé notre hérédité, prefque tous nos engagemens paffés & futurs, duffent-ils améliorer nos fortunes: auffi c'eft-là que com- mencent à notre égard l'infraction du pacte focial, la violation des propriétés; mais quand cette loi fut promulguée, nous étions en prifon, nous avions perdu jufqu'à la liberté de la penfée : & nos réclamations n'euffent fait que hâter notre fupplice.

La loi du 17 feptembre, contre les fufpeﬅs, étoit loin de nous raffurer; puifqu'elle plaçoit à nos côtés, dans les mêmes prifons, les femmes, les fils, les filles, les freres, les fœurs & les agens des Émigrés.

Vint le décret du 17 Frimaire qui féqueftre les biens des pères & mères ayant des enfans émigrés. Ce décret, quoique forti du Vefuve ou du Mont Ethna, exceptoit encore les pères & mères des Emigrés *majeurs*, s'ils pouvoient prouver leurs foins & leurs efforts pour empêcher l'émigration : c'étoit pour le grand nombre une planche après le naufrage.

On ne décreta alors que le principe : la rédaction fut renvoyée à des comités: on féqueftra nos biens: notre exiftence & celle de nos familles furent abandonnées à l'arbitraire: chaque Corps adminiftratif avoit fa manière d'entendre cette loi non rédigée:

& le mode d'exécution ne s'eſt reproduit que dans les premiers jours de Vendemiaire an trois.

Qui le croiroit, ſi la journée du premier prairial ne nous en eût convaincu, le terroriſme n'étoit pas mort ſur le même échafaud que Robeſpierre & Couthon. On oſa propoſer la confiſcation de tous nos biens. » Point d'exception, diſoit le rapporteur, ils ſont » tous réputés coupables aux yeux du gouvernement révolu- » tionnaire . . . . . ; il faut frapper indiſtinctement tous les » pères & mères d'Émigrés, quelque ſoit l'époque de l'émigra- » tion ; c'eſt le ſeul moyen qu'aucun coupable n'obtienne l'im- » punité. Les pères & mères jadis nobles avoient trop d'intérêt » à l'emigration de leurs enfans pour qu'on ne doive pas les » regarder comme convaincus de l'avoir autoriſée : & les pères » roturiers ſont d'autant plus coupables qu'ils n'avoient aucun » intérêt dans l'objet criminel de l'émigration de leurs enfans ».

Cette propoſition atroce a été réfutée avec vigueur, elle a été rejettée avec une juſte indignation. La fiſcalité s'y montroit à nud, & ſa figure hideuſe ne pouvoit que révolter. Un décret du 6 Vendémiaire a renvoyé à des Comités pour préſenter un projet de loi ſous les rapports *politiques*.

C'étoit proſcrire les idées fiſcales ; c'étoit, dans le vœu de l'Aſſemblée, écarter tout projet de confiſcation ; c'étoit déclarer que la queſtion ſe réduiſoit à ſavoir juſqu'à quel point & de quelle manière, en bonne politique, la nation avoit droit, avoit intérêt d'inquiéter les pères & mères à raiſon de l'émigration de leurs enfans. Il n'étoit pas difficile de démontrer que la politique extérieure n'entroit pour rien dans une pareille diſcuſſion ; les Puiſſances étrangères ne pouvant guères s'inquiéter de ce que

deviendront nos fortunes : & qu'en bonne adminiftration la ruine
de cinquante mille familles, fous quelques prétexte qu'on vint la
confommer, ne pourroit jamais devenir le folide fondement d'une
République, dont la juftice feule doit pofer les bafes. On n'a donc
rien imaginé pour la loi du 9 Floréal qui pût remplir le vœu
politique du décret du 6 Vendemiaire ; on croioit avoir à remplir
des vues financieres, & par une forte de tranfaction qui ne préfentant plus le même intérêt fembloit ne demander qu'une legère
attention, on a fait paffer, fans examen, fans difcution, comme
une loi de décharge & de bienfaifance, le décret que nous com-
battons, en portant à croire par fon titre que fon principal objet
étoit la lévée du féqueftre qui nous affamoit.

Mais puifque cette inattention eft en quelque forte un point
avoué ; puifque la queftion eft remife en délibération ; tout ce qui
a précédé, tout ce qui a fuivi, nous femble propre à démontrer
que jamais la confifcation fur nous d'une partie de nos biens, &
encore moins le partage de nos fucceffions avant notre mort n'ont
été le vœu du peuple ni de fes repréfentans.

Nous voyons au contraire, que dans les décrets de 1792, qui
ordonnent d'abord le féqueftre, puis la confifcation des biens des
Emigrés, on réferve à leurs femmes, à leurs enfans, A LEURS
PÈRES ET MÈRES l'ufage de leurs logemens, de leurs meubles,
& même, en cas de befoin, une diftraction fur leurs revénus : &
fi cette difpofition s'eft eclipfée depuis le 28 mars 1793, époque
du régne de la terreur, nous la voyons reparoître dans la loi du
1 Floréal, an 3e. c'eft à dire dans un décret qui a précédé de huit
jours celui du neuf. Qu'on les compare, & nous demanderons fi
la même affemblée qui a traité avec des ménagemens juftes &

paternels jufqu'aux maris des femmes émigrées, quoiqu'elles fuffent fous leur puiffance, a pu revenir contre nous, dans la même décade, aux rigueurs du terrorifme.

La loi du 21 Prairial fuivant augmenteroit encore l'étonnement. Non feulement elle rend les biens des condamnés à leurs héritiers ; mais en haine de la confifcation, elle s'applique à la reftraindre : elle eft loin de comprendre nos biens dans l'énumération de ceux qu'elle réferve : elle fe réduit aux biens des confpirateurs, des fabricateurs, ou diftributeurs de faux affignats, des dilapidateurs de la fortune publique : & quand nous la voyons déclarer dans le préambule de cette même loi, *qu'il y a moins d'inconveniens & plus de juftice & de loyauté à rendre des biens aux familles de quelques confpirateurs, que de s'expofer à retenir les biens des innocens :* quand ailleurs préfentant à la nation le tableau des fonds de toute efpéce, qui forment le gage des affignats, elle ne parle pas de nos biens : quand enfuite elle foumet le décret du 9 Floreal à un nouvel examen, nous avons bien le droit d'en conclure qu'il n'eft pas l'expreffion de fon vœu, comme il ne fut pas celui des affemblées précédentes, & par conféquent qu'il n'eft pas le vœu de la nation.

Cette loi exigeroit d'être revue par la feule obfcurité de fon texte, par les imperfeftions de fa rédaftion.

Dès le moment où nous avons voulu nous effayer fur les déclarations qui nous font prefcrites, nous nous fommes trouvés comme enveloppés dans des filets. On nous exempte de déclarer dans notre mobilier nos habits, linges de corps & *hardes de la famille.* Eh bien le feul mot *hardes* donne lieu à plufieurs queftions. La République (par exemple) auroit-elle plus de droits qu'un créancier contre qui la loi réferve ce qu'on appelle les meubles de l'or-donnance ; à l'homme de loi fes livres, au laboureur fes inftrumens aratoires, à l'artifan fes outils ?

On veut que nos immeubles foient déclarés par *l'affiette* , *la nature & la contenance des fonds*. Qu'eft-ce à dire ? Je poſſéde une maiſon, j'en ignore la contenance : je poſſéde ce qu'on ap-pelle dans ce pays un *Gagnage* : j'ignore dans le détail en quoi il confifte. Un gagnage qui me rapporte cinq cent livres eft fou-vent compofé de cinquante pieces de terre difperfées dans le même finage. Si je dois déclarer chacune de ces pieces de terre & en décrire exaĉtement *la contenance* , il faudra copier des volumes de pieds-terriers ; fi je ne le fais pas, j'encoure la dé-chéance & l'amende ; & quand j'y aurai mis tous les foins dont je fuis capable, un voifin ambitieux & jaloux, appellé par la loi, fous le titre de *bon citoyen* , dénoncera des obmiſſions involon-taires , pour partager mes dépouilles.

Après avoir déclaré en détail mes biens meublés & immeu-bles , je dois , fous les mêmes peines , les eftimer fuivant leur *valeur vénale au tems préfent ;* mais quelle fera cette valeur ? le fac de bled qui fe vendoit douze francs il y a deux ans, trente francs il y a moins d'un an, fe vend aujourd'hui jufqu'à quinze & dix-huit cent livres. Le prix du bled eft le thermometre de toutes les valeurs. A quel terme faudra-t-il m'arrêter dans une fi grande latitude ? Pendant que j'en parle le prix augmente en-core ; & dans ce moment, où les Agioteurs s'arrachant les débris de la fortune publique renouvellent, fous le régime de l'Egalité, le fpeĉtacle des fortunes fcandaleufes de la rue Quin-campoix , il n'eft pas rare de trouver un meuble, un bien fond, à fa dixieme mutation dans le cours de l'année, laiffer encore entre les mains du dernier vendeur un bénéfice, (du moins apparent, fi ce n'eft pas la pelote de neige ou la boule de favon) que l'on regarderoit, peut-être comme la régle de la valeur vénale au tems préfent.

D'ailleurs combien de meubles, combien de fonds n'ont qu'une valeur d'affeétion, de convenance? J'eftimerai fuivant mes goûts un meuble que je n'aime plus, une Maifon qui me déplaît: on prétendra que ce n'eft point la valeur du jour: un mot équivoque m'aura fait encourir la peine du quadruple.

Cette obfervation pouvoit bien être prévue puifqu'elle a diélé la loi du douze Prairial, fur la vente des domaines nationaux. *Perfonne*, a dit le rapporteur, *ne connoît la valeur de fa fortune, & ne peut calculer ni préfumer le montant de fes dépenfes & de fes befoins . . . . . . la valeur relative des affignats change prefque tous les jours d'une maniere effrayante.* C'eft par ces confidérations, qu'on a pris pour bafe de l'évaluation des domaines, leur produit en 1790; & que 75 fois ces produits ont été préfumés la valeur du fond. Voilà une idée claire: & fi dans le cours ordinaire vers lequel tout doit nous ramener, l'évaluation eft exagérée de plus de moitié, puifqu'en 1790 les ventes fe faifoient communément au denier trente; du moins le fond de cette penfée eft à retenir: nous l'invoquerions pour l'eftimation de nos immeubles, s'il pouvoit arriver que nous euffions à les déclarer, à les évaluer: & nous n'aurions plus à craindre qu'on traitât nos évaluations comme frauduleufes, pour n'avoir pu entendre ce qu'on nous demandoit.

Nous n'entendons pas plus clairement la difpofition du même article qui nous affujettit à déclarer ce que nous avons vendu,

poftérieurement

poſtérieurement à l'émigration & au premier février 1793. Je n'ai pas vu mon fils depuis 1789, il portoit les armes pour la Patrie. A-t-il déſerté ? Eſt-il mort ? On veut aujourd'hui le préſumer émigré. J'ai vendu, pour vivre, en 1790, en 1791, en 1792 quelques biens ; j'en ai vendus d'autres depuis le premier février 1793 : eſt-ce ces dernieres ventes ſeulement que je dois déclarer ? Eſt-ce celles que j'ai faites depuis que j'ai perdu de vue mon fils ? A quelle époque doivent commencer les déclarations de ce genre ? Quand la loi ſeroit juſte dans ſon eſprit, il faudroit encore qu'elle fût claire dans ſa rédaction.

Le même article nous aſſujettit à produire *les pieces juſtificatives de nos déclarations.* C'eſt-à-dire, ſi cette diſpoſition n'eſt pas équivoque, qu'il faudra nous déſſaiſir de nos papiers, de nos titres, au riſque de les voir confondus, égarés, perdus dans des bureaux, où l'on ne parviendra à les examiner, à les entendre, & même à les claſſer convenablement qu'après de longs délais ; & cependant nous n'avons pas un mois pour les raſſembler, les analyſer, les décrire, & pour nous procurer des duplicata.

Eſt-ce pour abréger tant de formalités que l'on attribue par l'article V. aux Directoires de Diſtrict le jugement ſuprême, & ſans recours, de nos déclarations, de nos eſtimations ? Eſt-ce par ménagement pour nous, qu'on nous enlève le bénéfice de l'appel ? Et maintenant que dans un nouveau projet de Conſtitution, on parle de ſupprimer les Diſtricts, à qui cet article nous renvera-t-il ?

L'article XI. paroiſſoit deſtiné à laiſſer en paix, au moins ceux d'entre nous dont la fortune ne paſſe pas vingt mille livres. Nous pourrions dire ce que cette diſpoſition couvre de perfide & d'injuſte,

C

nous n'en relevons que l'équivoque. En prenant les biens à ce qu'on appelle aujourd'hui *leur valeur vénale*, vingt mille livres de ce moment ne donneroient pas deux arpens de terre, & la rente de cette somme ne produiroit pas un sac de bled. Nous osons le demander, est-ce ainsi que la Convention l'a entendu ? Cette disposition abroge-t-elle les lois des 8 avril, & 12 septembre 1792, qui au besoin, nous assuroient un sort passable ? La loi se tait ; l'humanité, la justice parleroient en notre faveur ; mais l'arbitraire nous jugeroit.

Un autre équivoque est celui que le décret laisse subsister sur l'emploi qu'on fera des biens confisqués. On les réunit au domaine national ; mais les vendra-t-on ? ou les gardera-t-on pour nous en laisser l'usufruit ? Cela seroit juste en principes, mais la raison de douter, d'après le texte même de la loi, sort des termes qu'elle employe. Elle prévoit le cas où il naîtroit des enfans à l'ascendant présuccédé. Dans le droit il faudroit recommencer les partages & faire le lot de ces enfans. C'est la faveur due à un postume, qui naîtroit après le partage de la succession de son père. Le décret s'y refuse ; mais les expressions pourroient faire croire que le bien dévolu à la nation se retrouvera encore en nature entre ses mains, puisqu'on déclare qu'il n'en sera rien *retranché*. Si l'on a voulu dire qu'il n'en seroit fait aucune indemnité, ces expressions sont trop familieres pour ne s'être pas présentées sous la plume du rédacteur. Si elles étoient dans son intention, le mot qu'il a préféré est au moins obscur, & c'est ce que nous voulions démontrer contre un décret dans lequel tout est contre nous, jusqu'au langage.

Soit qu'il y eut ou non de l'affectation, nous pourrions relever vingt autres fautes du même genre. Nous passons au dernier des points de vue fous lefquels nous nous fommes propofé de préfenter le décret. L'injuſtice évidente.

Nous l'avons déjà dit, c'eſt ici une confifcation exercée fans délit, fans information, fans jugement.

Avant la Conſtitution de 1791 nous avions tous, & nos enfans comme nous, le droit de quitter la France ; cette Conſtitution l'a folènnellement déclaré.

Si nos enfans font coupables, c'eſt de n'être pas rentrés, de n'avoir point obéi à la loi qui les rappeloit ; ce n'eſt point à nous à examiner par quelle voie elle pouvoit parvenir à leur connoiſ- fance : ce n'étoit pas par notre canal, toute correfpondance avec nos enfans eût été jugée coupable.

On impute, à ceux de nos fils en état de porter les armes, d'avoir émigré dans la vue de combattre leur Patrie : nous n'en favons rien, nous ignorons également ce qu'ils ont fait & ce qu'ils étoient dans l'intention de faire. S'ils ont porté les armes dans la Vendée, ils foutiendront peut-être, tôt ou tard, qu'ils ont acquis par leur foumiſſion le droit de participer aux amniſties qu'on y a pu- bliées. Si, comme on les en accufoit par le décret du 12 7bre 1792, lors de l'invafion du Roi de Pruſſe, ils étoient dans fes armées, non feulement pour y combattre, mais pour y fervir *d'indica- teurs & d'efpions* ; les hautes deſtinées de la Nation en repouſſant fes ennemis, ont mis en fa poſſeſſion ce qu'on appelloit dans les armées coalifées *le livre d'ordre*. L'Aſſemblée nationale l'a fait imprimer. On a trouvé la correfpondance des Emigrés, on l'a également livrée à l'impreſſion. C'eſt-là, fans doute, où fe trou- veroient les traces, les preuves des projets criminels qu'on pour- fuit, & le nom de leurs auteurs. Si quelqu'un de nous, fi quelqu'un de nos enfans s'y trouve compromis , voilà la premiere bafe d'une pourfuite individuelle, d'une procédure régulière.

Les précurfeurs, les premiers inftrumens du terrorifme dans notre Département , les deux Repréfentans qui , dans le mois d'avril 1793 , font venus nous incarcérer, motivoient cette violence fur la certitude qu'ils prétendoient avoir acquife de nos liaifons, de nos correfpondances criminelles avec les Puiffances étrangères ; tout ce qu'ils ont prouvé , c'eft qu'il falloit encore alors une apparence de délit perfonnel , & de preuves juridiques. Les Couthon, les Saint-juft , les Lacofte ont emprunté de la juftice le même mafque quand ils étoient dans nos murs ; ils ne pouvoient arriver que par degrès à créer des préfomptions légales pour nous attaquer en maffe , & pour nous exterminer révolutionnairement : nous n'en fommes plus là. Aucun de nous , aucun de nos enfans n'eft nommé dans le livre d'ordre , dans la correfpondance des Emigrés ; nous avons défié , provoqué de toutes manières la production d'une feule piece de correfpondance , de laquelle on pût faire fortir contre nous l'induction la plus légère d'un délit quelconque. Nous avons défiré , demandé , dans tous les tems, que l'on inftruifit des procédures régulières , individuelles contre les prévenus, s'il s'en trouvoit parmi nous. On s'eft obftiné à nous perfécuter en nom collectif. Tout le crime de plufieurs s'eft réduit au préjugé qu'on veut tirer de leur naiffance : le crime de quelques uns eft d'être réputé riche ; le crime de tous eft d'être père.

Encore la perfécution n'eft-elle venue que graduellement jufques aux pères de tous les Emigrés indiftinctement.

Les premiers décrets n'envifageoient que les Emigrés *en état de porter les armes*. La loi du trente août 1792, n'attaquoit que les pères & mères convaincus d'avoir fait émigrer *leurs enfans mineurs* : Couthon, le féroce Couthon, avoit encore ménagé, par le décret du 17 Frimaire, aux pères & mères des *Émigrés majeurs*, la ressource de prouver qu'ils avoient fait ce qui dépendoit d'eux pour les retenir. Il y a donc une souveraine injustice à nous attaquer en masse.

Pour faire sortir avec une irrésistible évidence la justesse de ce raisonnement, nous supposons, pour un moment, l'existence d'un tribunal compétent chargé de nous juger dans les formes établies pour le jury, & nous comparoissons devant lui.

De quel crime accusera-t-on cette veuve, qui étant encore sous la puissance de son mari, quand ses enfans se sont enfuis au loin, n'a pu rassurer ni retenir une fille mariée qui suivoit son époux, un fils majeur s'éloignant pour toujours d'une terre dont sa prévoyance lui faisoit appercevoir les malheurs.

Et ce père octogénaire qui, dispensé par la nature & par la loi de justifier la fuite de son fils unique âgé de plus de cinquante ans, prouveroit cependant qu'il a fait tout ce qui pouvoit dépendre de lui pour le retenir?

Celui-ci avoit deux fils, l'aîné d'un caractère indisciplinable, s'est en allé on ne sait pas où. Le cadet plus docile, s'est livré, sans réserve aux vœux de ses parens qui lui ont mis les armes à la main pour aller sur la frontière défendre la patrie.

Celui-là entretenoit à grand frais au service de la France ses garçons à mesure qu'ils parvenoient à l'âge de porter les armes. Son autorité sur eux étoit passée à leurs chefs, sa surveillance ne pouvoit agir que de loin & par des intermédiaires; sa sollicitude paternelle multiplioit les bons conseils, ses efforts ont été vains. L'esprit de corps, des mécontentemens vrais ou simulés, l'inconftance, la légéreté de la jeuneſſe ont fait paſſer à ſes enfans, le pont qui les ſéparoit de l'étranger.

J'offre de prouver, dit l'un de ces pères perſécutés, que mon fils, en quittant le territoire Français, s'eſt marié, s'eſt établi dans un territoire neutre & devenu ami.

Je puis juſtifier, dit l'autre, que mes enfans ont embraſſé au delà de la frontière un état paiſible, abſolument étranger aux armes : le commerce, l'agriculture, la fabrique, l'inſtitution des enfans, la peinture . . . .

Nous avons des pères dans ce Département, qui ont envoyé leurs enfans chez leurs parens, chez leurs amis, à Vienne, à Florence, à Francfort, à Leipſic, pour y achever leur éducation.

Nous en avons qui étant nés étrangers, & ne ſe trouvant en ce pays, que par des haſards de fortune ou d'affeƈtions, n'ont pu empêcher que leurs enfans ſerviſſent les Puiſſances, ſous le gouvernement deſquelles ils ſont nés.

Parmi les abſens que l'on regarde comme Emigrés, il y en a qui loin de conſulter leurs parens en déſertant la maiſon paternelle, l'ont dépouillée ; il y en a qui ne l'habitoient plus depuis nombre d'années ; il y en a qui demeuroient à cent lieues de là.

Que l'on épuiſe toutes les acceptions ſous leſquelles nous pouvons ainſi nous préſenter ! Qu'on nous juge iſolément : le fait eſt-il conſtant ? Ce fait eſt-il un crime ? M'eſt-il imputable ? Quelle eſt la loi qui le défend ? Quelle eſt la peine prononcée contre moi par cette loi ? Voila ce que nous demanderions, & ce que chacun de nous a reclamé dans tous les tems.

On nous répondoit encore dans les premiers jours de Vende-miaire, que *la marche du Gouvernement ſeroit embarraſſée, & même*

*paralifée à chaque pas, s'il s'affujettiffoit aux formes fages, mais
trop lentes de la juftice pour difcerner les innocens & les coupables;*
mais on parloit du Gouvernement révolutionaire, & comme
Boiffy d'Anglas vient de le dire, en préfentant la Conftitution,
la Nation ne veut plus de ce gouvernement. Cambon croioit
accréditer les affignats en s'abreuvant du vin de la vigne de
Nabot, comme Robefpierre en buvant notre fang. Que Robefpierre, Cambon & leurs projets fanguinaires, & leurs vues
fifcales demeurent livrés à l'exécration de tous les peuples & de
tous les fiecles.

Ce font eux qui, dévouant à la mort la moitié de la France
& toutes les fortunes à leurs dilapidations, planent encore fur
nos têtes comme les vautours au-deffus d'un champ de bataille :
c'eft la queue de Robefpierre qui veut nous étoufer en maffe
dans fes replis tortueux : fes complices veuillent fucer, jufqu'à
la dernière goute, notre fang, quand ils ne peuvent plus le
verfer à grands flots. Que leur Code, plus cruel encore & plus
impolitique que celui qui révoqua l'édit de Nantes, effuie le
fort des loix de Dracon; que le décret du 9 Floréal y demeure
infcrit le dernier, & qu'en marge il foit écrit : CETTE LOI
QUI VIOLE LA NATURE DONT ELLE ETOUFE LA
VOIX, LE PACTE SOCIAL DONT ELLE CONFOND
LES ÉLÉMENS, LA MAJESTÉ DU PEUPLE DONT
ELLE MÉCONNOIT LE VŒU, LA LÉGISLATION
DONT ELLE PERVERTIT LE LANGAGE, LA JUSTICE
DISTRIBUTIVE, EN METTANT A SA PLACE UNE
FISCALE PARTIALITÉ, A ÉTÉ ABOLIE PAR LA

REPRÉSENTATION ÉPURÉE D'UNE NATION QUI FUT TOUJOURS LOYALE ET GÉNÉREUSE.

Signé, *Meſſein. Marcol. Tallote. Thibaut le jeun. Pernot, femme Quiefdeville. Ducoin lombillon. D'hoffelize, veuve Touſtain. Pierre-Antoine Dumas. Bouillé. Stadler. Bilcard Stadler. Prémont, veuve Landreville. Silly veuve Couſſey. Durouvrois, femme Fuſſey. Labbé, veuve Favancourt. d'Alſace. Vandeverre, femme d'Alſace. Lefébvre, veuve Mortal. Guiot St.-Remy. Lechangeur Humbert, veuve Tonnoy. Poirot, veuve Anthoine. Marcol, veuve Roguier. Paicheux, veuve Humbert ſandronviller. Dubois. Veuve de Villers. Veuve Dourches. Billecard. Lacroix-Meſſein. Pierre Dourche. Michel, veuve Breton. Saulcour Guiot dit St. - Remi. Denizot le jeune. Thibaut Monbois. Dejean. Mathieu, veuve Vallet. André Michon. Luxer. Taffin père. Anne Lecomte, femme Taffin. Pierre-Charle Robert. Mathieu-Moulon. Tervenus, veuve Thomaſſin. Raybois. Laſalle. Gauvain. Veuve Desmarets, Lagorge, veuve Noeville. Huyn Raville. Dombale Courcelles. Germiny. Michelant. Héré, veuve Veyré. Buſſelot. Viard Gondrecourt. Ravinel Huyn. Maillard. Bertin Fligny. Courtois d'Einville aux jard Lalance. Deville. Bona. Clement, Alexandre. Guilgot.*